Bettine Reichelt

Näher, mein Gott, zu dir.
Biblische Gebete

Meinen Eltern.

Bettine Reichelt

Näher, mein Gott, zu dir

Biblische Gebete

benno

Inhalt

Worte finden, beten können   6

Frage und Antwort   **8**
Ich suche dich   12
Du hast mich gerufen   16

Du bist bei mir   **22**
Und wenn es dunkel wird …   26
Hoffnung am Wegesrand   32
Dir, Gott, vertraue ich   38

Ich folge dir nach   **46**
Mutig werden   50
Dein Haus, die Menschen deiner Gnade   58

Vom Anfang bis zum Ende   **64**
Morgen und Abend   68
Tages- und Jahreskreis   76
Mein Leben vor dir   86

Wegbegleiter aus alter Zeit — **96**
Dich sehen — 100
Deine Engel — 101
Abraham — 103
Maria — 104

Leben in Liebe — **106**
Den Schatz finden — 110
In der Liebe bleiben — 111
Die Größe entdecken — 113
Vom Wunder beschenkt — 116

Beten lernen — 118

Stichwortregister — 121

Worte finden, beten können

In einer Zeit, in der Menschen täglich von einer Fülle von Worten und Botschaften umgeben sind, fehlt manchmal gerade das: das eine Wort, das ich heute sagen kann, das ich heute hören will, das ich heute brauche. Woher nehme ich dieses Wort? Aus mir? Aus dem, was mich umgibt? Es ist schwer geworden, die richtigen Worte zu finden. Leicht war es wohl nie. Aber doch eingeübter. Heute verlieren viele über all den wunderbaren Möglichkeiten, die das Leben bietet, die die Technik eröffnet, die Worte, die das sagen, was man mit dem Herzen ausdrücken möchte. In der Bibel finden Menschen seit Jahrtausenden Worte, die ihnen helfen zu leben, das Leben zu lieben und in allem, was sie umgibt und ihnen widerfährt, Gott zu finden. So sind die Verse der Bibel auch Wegweiser für ein Gespräch mit dem, der unser Leben trägt und erfüllt, mit Gott selbst.

Seit vielen Jahren entstehen in der Arbeit mit den Tagesimpulsen zu „Gottes Wort für jeden Tag" Gebete. Sie sind inspiriert von den alten Worten der Bibel und wollen Gesprächsangebote sein. Viele Leser haben sie bereits als hilfreich empfunden, um sich mit diesen Worten an Gott zu wenden oder eigene Worte zu finden.

Vorformulierte Gebete wollen einen Raum für das eigene Wort und hinter dem eigenen für die Begegnung mit dem öffnen, aus dessen Wort alles entspringt.

In diesem Sinne wünsche ich Ihnen, dass Sie für sich das entdecken, was Ihnen zum Leben hilft.

Ihre
Bettine Reichelt

Frage und Antwort

Frage und Antwort

Meint dein Wort der Hoffnung mich? Meint es uns?
Wie oft habe ich dich gesucht
und nicht gefunden, du Gott des Lichts.
Wie oft habe ich angeklopft, aber da war keiner,
der mich gehört hat, du Gott der Hörenden.
Wie oft blieb meine Bitte ohne Antwort,
du Gott der Sprache.

Meint dein Wort mich? Meint es uns?
Wie oft hast du mich gesucht,
aber ich war nicht zu Hause.
Wie oft hast du angeklopft,
aber ich habe dich nicht gehört.
Wie oft hast du mich gebeten,
aber ich vergaß die Antwort.

Und doch: Es ist mir gesagt, von dir gesagt:
Es öffnet sich, du empfängst und wirst empfangen.
Es ist mir gesagt. Es ist uns gesagt.
Hilf mir vertrauen.

Ich suche dich

Und es versammelten sich so viele Menschen, dass nicht einmal mehr vor der Tür Platz war; und er verkündete ihnen das Wort.
Mk 2,2

> Du Liebhaber des Lebens, Gott, sprich zu mir, schenke mir das Wort, das mich aufstehen und weitergehen lässt.

Der HERR aber sagte zu Samuel: Sieh nicht auf sein Aussehen und seine stattliche Gestalt, denn ich habe ihn verworfen; Gott sieht nämlich nicht auf das, worauf der Mensch sieht. Der Mensch sieht, was vor den Augen ist, der HERR aber sieht das Herz.
1 Sam 16,7

> Du, Gott, sagst uns immer wieder, damit wir es nicht vergessen: Darum, weil ich euch begegne und befreie, darum werdet ihr gewiss den Weg gehen, der gut für euch ist. Manchmal wollen wir gerade das nicht hören. Öffne dann unsere Ohren uns selbst zum Heil.

Ich weiß, wer du bist: der Heilige Gottes.
Mk 1,24c

> Wissen, wer einer ist: nicht ins Leere fragen, nicht ins Leere fürchten, nicht ins Leere hoffen. Wissen, wer du bist, Gott: Gegenüber, nicht fassbar, doch da.

Wer dieses Kind in meinem Namen aufnimmt, der nimmt mich auf; und wer mich aufnimmt, der nimmt den auf, der mich gesandt hat. Denn wer unter euch allen der Kleinste ist, der ist groß.
Lk 9,48

> So klein wir manchmal sind, so groß siehst du uns, Gott. Und wen wir in unser Herz aufnehmen und freundlich bewahren, den siehst auch du in Liebe an. So trage in uns in unserer Schwäche, ermutige uns, wenn wir kleinmütig sind, lass uns vertrauen darauf, dass du, wie klein wir auch immer sein mögen, uns siehst und segnest.

Wir wollen mit euch gehen; denn wir haben gehört: Gott ist mit euch.
Sach 8,23b

> Ich habe Sehnsucht nach dem, der Fragen beantwortet, Leben erhält. Ich möchte sie kennen, sie, die um den Zugang zur Antwort wissen. Gib mir Mut zu suchen, zu fragen, mich leiten zu lassen und anzukommen.

Was ist der Mensch, dass du seiner gedenkst, des Menschen Kind, dass du dich seiner annimmst? Du hast ihn nur wenig geringer gemacht als Gott, du hast ihn gekrönt mit Pracht und Herrlichkeit.
Ps 8,5.6

> Wie gut, wenn einer weiß, was zählt. Wie gut, wenn einer mir zutraut, was ich kann. Wie gut, wenn ich in diesem Vertrauen eigne Schritte wagen kann. Wie gut, dass du um meine Grenzen und meine Möglichkeiten weißt, Vater und Herr.

Gott, mein Gott bist du, dich suche ich, es dürstet nach dir meine Seele. Nach dir schmachtet mein Fleisch wie dürres, lechzendes Land ohne Wasser.
Ps 63,2

> Manchmal, mein Gott, komme ich mir vor wie ausgetrocknet, ausgedörrt. Als ob es wochen-, ja monatelang in meiner Seele keinen Regen gegeben hätte und selbst das tapfere Lebensgras in mir ganz braun geworden ist. Dann regne auf meine Seele herab, sanft und freundlich, dass ich mich satttrinken kann und neu wachsen.

HERR, du hast mich erforscht und kennst mich. Ob ich sitze oder stehe, du kennst es. Du durchschaust meine Gedanken von fern.
Ps 139,1.2

> Ich öffne mein Herz: Sieh, so bin ich, Gott. Und du weißt es. Vor dir muss ich kein Schauspieler sein, nicht stark und nicht schwach. Du, Herr, bist der, der mich sein lässt, wie ich bin. Ich lasse mich fallen in deine Liebe.

Du hast mich gerufen

Als Jesus am See von Galiläa entlanging, sah er zwei Brüder, Simon, genannt Petrus, und seinen Bruder Andreas; sie warfen ihr Netz in den See, denn sie waren Fischer. Da sagte er zu ihnen: Kommt her, mir nach! Ich werde euch zu Menschenfischern machen.
Mt 4,18-19

> Ich möchte andere einladen zum Leben, das du, Gott, schenkst. Ich möchte mein Herz öffnen, damit sie das ihre auch öffnen können und wir miteinander neue Wege zu dir entdecken.

Jesus blickte ihn an und sagte: Du bist Simon, der Sohn des Johannes, du sollst Kephas heißen, das bedeutet: Petrus, Fels.
Joh 1,42b

> Ruf uns bei unserem Namen, der uns in die Zukunft trägt, auf den wir hören können. Lass uns neu werden, gerufen bei einem Namen, der vor dir gilt.

Geliebte, jetzt sind wir Kinder Gottes. Doch ist noch nicht offenbar geworden, was wir sein werden. Wir wissen, dass wir ihm ähnlich sein werden, wenn er offenbar wird; denn wir werden ihn sehen, wie er ist.
1 Joh 3,2

> Wir wissen vieles, Gott, doch was wir sein können, wissen wir nicht. Hilf uns vertrauen und die Hoffnung auf eine Zukunft zu bewahren, die größer und schöner ist, als wir es uns heute vorstellen können.

Denn wir sind der Überzeugung, dass der Mensch gerecht wird durch Glauben, unabhängig von Werken des Gesetzes.
Röm 3,28

> Deine Kraft sei wie eine Quelle in uns, Herr, eine Quelle die uns stetig neu beschenkt. Lass uns aus der Kraft deiner Liebe schöpfen und sie weitergeben wie ein Brunnen.

Er aber erwiderte: Ja, selig sind vielmehr, die das Wort Gottes hören und es befolgen.
Lk 11,28

> Weise uns den Weg, Bruder und Freund. Wir sind auf der Suche und brauchen Orientierung. Weise uns den Pfad, den wir gehen können.

Wer von diesen dreien meinst du, ist dem der Nächste geworden, der von den Räubern überfallen wurde? Der Gesetzeslehrer antwortete: Der barmherzig an ihm gehandelt hat. Da sagte Jesus zu ihm: Dann geh und handle du genauso!
Lk 10,36.37

> Wer braucht mich jetzt? An wem würde ich gern vorbeigehen? Heute gehe ich das Risiko ein: Öffne meine Augen, Gott, lass mich nicht in meinen Gewohnheiten bleiben. Lass mich so handeln, dass andere sich neben und mit mir wohlfühlen, dass ich da bin und helfe, selbst wenn das Recht dagegen steht.

Für euch aber, die ihr meinen Namen fürchtet, wird die Sonne der Gerechtigkeit aufgehen und ihre Flügel bringen Heilung.
Mal 3,20a

> Wo finden wir dich, erbarmender Gott? Gib uns eine Richtung. Lass die Sonne der Gerechtigkeit scheinen und uns den Weg zum Heil und zum Heilwerden weisen.

Er ist nicht der Gott von Toten, sondern von Lebenden.
Mt 22,32b

> Lass uns nie fallen, Gott, komm uns nahe. Hebe uns zum Licht empor, wenn es in uns dunkel ist, lass uns nicht übermütig werden, wenn wir das Licht nah und groß und wunderbar in uns fühlen. Komm uns nahe und trage uns, Gott.

Sehen werden die, denen nichts über ihn verkündet wurde, und die werden verstehen, die nichts gehört haben.
Röm 15,21

> Wir ahnen kaum, wer du bist, Schöpfer, Vater. Wir sehen all das, was uns umgibt – und wir sehen es nicht. Gib unseren Augen die Fähigkeit zu sehen. Und gib unserem Herzen die Gnade, dich zu entdecken als den, aus dessen Hand wir all das erhalten.

Wenn ihr in ein Haus kommt, so sagt als Erstes: Friede diesem Haus! Und wenn dort ein Sohn des Friedens wohnt, wird euer Friede auf ihm ruhen; andernfalls wird er zu euch zurückkehren.
Lk 10,5.6

> Lehre mich das Lachen gemeinsam mit den Menschen, die neben mir wohnen, denn es gibt einen Frühling im Garten, der die Blüten bringt, einen Sommer, der die Blätter tanzen, und einen Herbst, der die Früchte reifen lässt. Lass diesen Frieden unter uns groß werden.

Gepriesen sei der HERR, dein Gott, der an dir Gefallen fand und dich auf den Thron Israels setzte. Weil der HERR Israel ewig liebt, hat er dich zum König bestellt, damit du Recht und Gerechtigkeit übst.
1 Kön 10,9

> Wir leben, Vater, von dem, was andere von dir wussten. Sie erzählen uns von ihrem Mut und dem Segen. So lass uns heute ihrem Zeugnis trauen, das auch uns tragen kann, und lass uns in ihr Lob einstimmen.

Hab Vertrauen, mein Volk, du trägst den Namen Israel.
Bar 4,5

> Herr, ich bitte dich, gib mir die Gnade, dass all meine Absichten, Handlungen und Beschäftigungen aus dem Vertrauen wachsen dürfen. Erhalte mir die Fähigkeit, mich ohne Absicherungen, ohne Vertrag und Kontrolle auf andere einzulassen, ihnen zuzutrauen, dass sie verantwortlich handeln werden, auch mir gegenüber.

Du bist bei mir

Du, Gott, Begleiter, mein Helfer,
ach, wie oft frage ich danach,
was ich habe und was mir fehlt.
Bist du es denn wirklich?
Mein Hirte und Helfer?
Meiner und der, der anderen?
Wie viel wäre zu beklagen.
Wie unverständlich bleibt mir vieles.
Ich zweifle.

Du aber, Gott, bist Begleiter, mein Helfer,
und dann sehe ich auf:
Der Himmel wölbt sich über mir,
der Schnee fällt noch immer,
die Sonne wärmt mir mein Gesicht.
Für alle da, jenseits der Gier.
Ich ahne.

Du, Gott, Begleiter, mein Helfer,
dann frage ich mich:
Hat mir je das Wesentliche gefehlt?
Auch wenn ich so vieles vermisse:
Fehlt es mir an dem,
was ich in diesem Moment wirklich brauche?
Leide ich wirklich Mangel?
Welchen Mangel?
Noch in der Todschattenschlucht frage ich.
Ich spüre.

Du, Gott, Begleiter, mein Helfer,
Nein, sage ich dann, Nein,
auch wenn viele Wünsche offenblieben:
Das, was meiner Seele nötig war,
das ist mir begegnet,
leise, zwischen den Zeilen, überraschend,
anders, als ich es wollte.
Zaghaft lerne ich vertrauen.
Dir vertrauen, Gott,
begleitend, helfend, bewahrend.

Und wenn es dunkel wird …

Ein Aussätziger kam zu Jesus und bat ihn um Hilfe; er fiel vor ihm auf die Knie und sagte: Wenn du willst, kannst du mich rein machen.
Mk 1,40

> Du, Herr, du bist mein Gott. Darum versuche ich ein „Wenn du willst", versuche ich, auf dich zu vertrauen.

Bei euch aber sind sogar die Haare auf dem Kopf alle gezählt. Fürchtet euch nicht! Ihr seid mehr wert als viele Spatzen.
Lk 12,7

> Manchmal fehlen uns die Worte, Gott. Wie leer ist unser Mund, unser Herz. Dann, besonders dann brauchen wir deinen guten Geist, deine Nähe, die uns die richtigen Worte gibt. Hilf uns, darauf zu vertrauen, dass du sie uns schenkst.

Damals sagte Salomo: Der HERR hat gesagt, er werde im Wolkendunkel wohnen.
1 Kön 8,12

> Man sagte mir, du seist das Licht. Aber in mir, Gott, findet sich so wenig davon. Lass mich glauben, dass du auch dort wohnst, wo kein Lichtstrahl hingerät, und auch im Halbschatten, im Grau, in allem, was Leben ausmacht.

Gib du, HERR, Acht auf mich und höre das Gerede meiner Widersacher!
Jer 18,19

> Herr, schenke uns deine Heiterkeit, damit wir über das hinaus sehen, was uns bedrückt und neue Lösungen entdecken, um das Leben zu bewahren.

Denn wie Jona für die Einwohner von Ninive ein Zeichen war, so wird es auch der Menschensohn für diese Generation sein.
Lk 11,30

> Im heiligen Stillschweigen kommt uns das Zeichen nah, das du uns schenkst. Lass uns auf dich vertrauen.

Da stand er auf, drohte dem Wind und sagte zu dem See: Schweig, sei still! Und der Wind legte sich und es trat völlige Stille ein.
Mk 4,39

> In der großen Stille trittst du uns entgegen. In der Nacht der Angst. Im Chaos der Verzweiflung dein Wort. Alles Wirre weicht, alles Zerstörende verstummt. In der großen Stille begegnen wir deinem Segen, Gott.

Und wir werden vor ihm unser Herz überzeugen, dass, wenn unser Herz uns verurteilt, Gott größer ist als unser Herz und alles weiß.
1 Joh 3,19b.20

> Dein Wort, Herr, sei in meinem Leben, dein Siegel auf meinem Herzen, dein Leben an dem Platz, den ich als dein Kind füllen kann.

Darum tröstet einander und einer baue den andern auf, wie ihr es schon tut!
1 Thess 5,11

> Herr, oft scheint die Macht der anderen so groß. Andere, Menschen mit mehr Einfluss, scheinen das Leben zu bestimmen. Wie klein ist dagegen meine Möglichkeit. Lass mich auf deine Ermutigung hören und vertrauen: Auch mein Wort ist wesentlich.

Kommt alle zu mir, die ihr mühselig und beladen seid!
Mt 11,28

> Öffne auch mein Herz, Jesus, Bruder, dass ich die aufnehmen kann, die meiner Hilfe bedürfen. Und öffne die Herzen der Menschen, die mir begegnen, damit auch ich einen Ort finde, an dem ich Geborgenheit erfahre.

Gegen alle Hoffnung hat er voll Hoffnung geglaubt, dass er der Vater vieler Völker werde, nach dem Wort: So zahlreich werden deine Nachkommen sein.
Röm 4,18

> Unsere Kraft ist begrenzt. Wir geben schnell auf. Wir verlieren die Hoffnung und sehen keinen Weg mehr. Du aber weißt um neue Wege, neue Hoffnung. Gib uns nicht auf. Und hilf auch uns, deiner Kraft zu vertrauen.

Jesus antwortete ihnen: Nicht die Gesunden bedürfen des Arztes, sondern die Kranken.
Lk 5,31

> Wenn wir unseren Schmerz in Wort fassen, kann er sich wandeln, Herr. Darum gib uns dafür die Worte. Und höre auch den stillen, stummen Schrei.

Er aber sagte zu ihr: Meine Tochter, dein Glaube hat dich gerettet. Geh in Frieden! Du sollst von deinem Leiden geheilt sein.
Mk 5,34

> Ich glaube, Gott, dass nicht alle Leiden geheilt werden – und dennoch Leben gut werden kann. Ich glaube, Gott, dass in meiner Trauer, meinem Schmerz, meinem Scheitern eine neue Welt aufscheint, Frieden möglich ist. Ich glaube, Gott, dass du mich das Lachen mit Tränen und das Weinen mit Lachfältchen lehren willst.

Hoffnung am Wegesrand

Du aber, wenn du fastest, salbe dein Haupt und wasche dein Gesicht, damit die Leute nicht merken, dass du fastest, sondern nur dein Vater, der im Verborgenen ist.
Mt 6,17–18a

> Wie gut täte es, wenn uns heute einer sähe, wenn uns eine begegnete, die hätten dein gutes Wort gehört und sagt es uns weiter, Vater.

Wenn du willst, kannst du mich rein machen.
Mk 1,40b

> Höre uns, Gott, erhöre uns. So vieles liegt auf unseren Herzen, zu viel, als dass wir es allein tragen könnten.

Ich habe Mitleid mit diesen Menschen; sie sind schon drei Tage bei mir und haben nichts mehr zu essen.
Mk 8,2

> Gott, wer du bist, bleibt uns verborgen. Wir sehen deine Werke, wir hören, was von dir gesagt ist. Aber du selbst bleibst uns ein Rätsel. Hilf uns vertrauen.

Sogar die unreinen Geister gehorchen seinem Befehl.
Mk 1,27b

> Schenke uns heute ein Wort deiner Liebe, das unser Herz erreicht, ein Wort des Segens, das uns ermutigt, ein Wort der Befreiung, das uns aus der Angst ins Leben führt.

Ich bin überall mit dir gewesen, wohin du auch gegangen bist.
2 Sam 7,9a

> Unter der Weite des nächtlichen Himmels stehe ich an manchen Tagen, Gott. Und ich spüre, wie klein und zerbrechlich ich bin. Und deine Welt, das All, die Welten um mich unermesslich, unbegreiflich. Und ich werde still ein Teil deiner Schöpfung.

Mitten in der Nacht aber erscholl der Ruf: Siehe, der Bräutigam! Geht ihm entgegen!
Mt 25,6

> Lass uns, Herr, die anderen herbeirufen, sie einladen, mit uns dir entgegenzugehen, mit ihrer kleinen Kraft, ihren verlöschenden Lampen, mit müden Füßen und Herzen. Lass uns nicht verstummen und rufen: Kommt!

An jenem Tag wird man sagen: Siehe, das ist unser Gott, auf ihn haben wir gehofft, dass er uns rettet. Das ist der HERR, auf ihn haben wir gehofft. Wir wollen jubeln und uns freuen über seine rettende Tat.
Jes 25,9

> An manchen Tagen, Herr, brauchen wir den Zuspruch besonders: Ein Kind wird geboren, Hoffnung blüht auf, du kommst zu uns. Lass uns auf dich vertrauen.

Der HERR, dein Gott, ist in deiner Mitte, ein Held, der Rettung bringt. Er freut sich und jubelt über dich, er schweigt in seiner Liebe, er jubelt über dich und frohlockt, wie man frohlockt an einem Festtag.
Zef 3,17

> Lass uns in den Jubel einstimmen wie Maria und darauf vertrauen, dass du unser Retter bleibst bis ans Ende unseres Lebens.

Dann werdet ihr die Wahrheit erkennen und die Wahrheit wird euch befreien.
Joh 8,32

> Wir sind es nicht gewohnt, aus anderen Perspektiven auf den Weg zu schauen. Lehre uns neu sehen. Dich sehen, wie du uns begegnest.

Gesegnet der Mensch, der auf den HERRN vertraut und dessen Hoffnung der HERR ist.
Jer 17,7

> Herr, dich loben wir für alles, was du den Völkern gibst. Für jede Spur des Friedens, für jede Weisheit, die zu entdecken ist, für jede Hoffnung, die aufbricht und Frieden schafft.

Bedeutet es nicht, dem Hungrigen dein Brot zu brechen, obdachlose Arme ins Haus aufzunehmen, wenn du einen Nackten siehst, ihn zu bekleiden und dich deiner Verwandtschaft nicht zu entziehen?
Jes 58,6.7

> Ein anderes Leben, Gott, schenke uns ein neues Leben: der Nachbar – einer, dem ich traue. Die Bettlerin – eine Frau, der ich meine Blumen schenke. Die Tante heute lachend an meinem Tisch. Vertrauen neu. Und neu vertrauen.

Dir, Gott, vertraue ich

Für euch gilt: Was ihr von Anfang an gehört habt, soll in euch bleiben; wenn in euch bleibt, was ihr von Anfang an gehört habt, dann werdet auch ihr im Sohn und im Vater bleiben.
1 Joh 2,24

> Als ich anfing, auf dich zu hören, war ich offen und leer. Und tief in mir wohnt dein Wort. Dort, unter allem, was ich verstehe und nicht verstehe. Lass es in mir wirken, Gott. Lass es wirksam sein.

Und David sagte weiter: Der HERR, der mich aus der Gewalt des Löwen und des Bären gerettet hat, wird mich auch aus der Gewalt dieses Philisters retten.
1 Sam 17,37a

> Gib mir, Gott, ein solches Zutrauen in dich und in mich. Gib mir die Gnade der Gelassenheit für diesen Tag.

Alle sahen ihn und erschraken. Doch er begann mit ihnen zu reden und sagte: Habt Vertrauen, ich bin es; fürchtet euch nicht!
Mk 6,50

> Du, Gott, sagst uns immer wieder: „Darum, weil ich euch begegne und befreie, darum werdet ihr gewiss den Weg gehen, der gut für euch ist. Fürchtet euch nicht." Wir bitten: Hilf uns vertrauen.

Juble und freue dich, Tochter Zion; denn siehe, ich komme und wohne in deiner Mitte – Spruch des HERRN.
Sach 2,14

> Wenn ich am Morgen dem Tag entgegenlache, Gott, und mich hineinschwinge in deine Welt, so lass mich in diesem Jubel den Tag auch beschließen und dankbar in deine barmherzigen Hände zurücklegen, was er an Wunder mir schenkte.

Verlasst euch stets auf den HERRN; denn GOTT, der Herr, ist ein ewiger Fels.
Jes 26,4

> Wenn ich am Morgen meine Füße aufsetze, so trägt mich der Boden. Wenn ich im warmen Sand gehe, gleiten die Körner nur so weit zur Seite, dass ich weitergehen kann. Und auch im weichen Gras spüre ich die tragende Erde unter mir. Und immer fühle ich dich, Gott, tragend wie einen Felsen. Ich kann sicher stehen.

Ist Gott für uns, wer ist dann gegen uns?
Röm 8,31b

> Du gibst mir täglich Worte für das, was meine Seele sagen will. Nicht immer spreche ich sie aus. Doch jeden Tag sind sie da. Sie füllen mich. Hilf mir, so zu leben, dass es deinem Wort in meiner Seele entspricht.

So nimmt sich auch der Geist unserer Schwachheit an. Denn wir wissen nicht, was wir in rechter Weise beten sollen; der Geist selber tritt jedoch für uns ein mit unaussprechlichen Seufzern.
Röm 8,26

> Wir fürchten uns vor dem, was auf uns zukommt, zuletzt auch vor dem Tod. Schenke uns das Vertrauen, dass du unser Leben willst und bist, über den Tod hinaus.

Hoffen wir aber auf das, was wir nicht sehen, dann harren wir aus in Geduld.
Röm 8,25

> Dein Gebot ist Liebe und wächst aus der Liebe. Ich möchte lernen, mich daran neu zu freuen, ich möchte die Hoffnung auf dich bewahren. Schenke mir das Vertrauen, deine Gebote nicht als Last zu sehen, sondern darin deine Zuwendung, die in all dem verborgen mir zum Guten werden kann.

Er zweifelte aber nicht im Unglauben an der Verheißung Gottes, sondern wurde stark im Glauben, indem er Gott die Ehre erwies, fest davon überzeugt, dass Gott die Macht besitzt, auch zu tun, was er verheißen hat.
Röm 4,20.21

> So schenke uns deine Zukunft: uns, die wir das Unmögliche trotz der Fülle der Möglichkeiten und Begrenzungen dennoch für wahr halten. Uns, die wir eine Ahnung zulassen von einem neuen Himmel, einer anderen Erde. Uns, die wir noch immer glauben, dass da eine Macht ist, die dem Menschen mehr geben will als das Vorfindliche. Schenke uns Zukunft und Leben.

Wenn ihr standhaft bleibt, werdet ihr das Leben gewinnen.
Lk 21,19

> Wir danken wir, Vater und Bruder, für den Menschen, der uns freundlich entgegenkommt und zum Leben hilft, standhaft zu uns steht ohne Wenn und Aber.

Mein Gott hat seinen Engel gesandt und den Rachen der Löwen verschlossen. Sie taten mir nichts zuleide.
Dan 6,23a

> Lass uns vertrauen, Vater des Lebens, dass trotz all der Zerstörung, all der Ungerechtigkeit und all dem Scheitern dennoch ein neues Leben möglich ist, dass wir aufgefangen werden und Freude lernen und Genuss.

Als sie und alle, die zu ihrem Haus gehörten, getauft waren, bat sie: Wenn ihr wirklich meint, dass ich zum Glauben an den Herrn gefunden habe, kommt in mein Haus und bleibt da.
Apg 16,15

> Sieh meinen Glauben, sieh mich an Gott. Und lade mich zu dir ein. Sieh meinen Glauben und lass dich einladen zu mir. Gastfreundlich will ich sein, auch gegenüber Fremden. Aus einem einzigen Grund: Du hast mein Vertrauen wahrgenommen.

Wir wollen lieber in die Hand des HERRN fallen, denn seine Barmherzigkeit ist groß.
2 Sam 24,14

> Wir schauen auf dein Heil, Gott. Schenke du uns das nötige Vertrauen in dich, um den neuen Tag dankbar zu genießen.

Amen, amen, ich sage euch: Wenn das Weizenkorn nicht in die Erde fällt und stirbt, bleibt es allein; wenn es aber stirbt, bringt es reiche Frucht.
Joh 12,24

> In jedem Korn ist die Botschaft des Lebens: Wandel und Neuanfang. Und auch du, Bruder und Herr, hast dich diesem Leben anvertraut. Auf dein Wort hin will ich es wagen, will dem Samen trauen, dass er sich wandeln wird, das Blüte und Frucht sei.

Dank aber sei Gott durch Jesus Christus, unseren Herrn!
Röm 7,25a

Am Morgen den Tag mit Dank beginnen: Ich bin. Und immer wieder, immer wieder danken: Ich bin. Und am Abend die Fülle betrachten. Ich durfte sein und ich bin. Und was daraus wird, lege ich in andere Hände: Dir, Gott, danke ich für diesen Tag, für mein Sein, für alles, was mir gelingt und misslingt, für das, was ich fürchte und hoffe. Wandle alles in Segen.

Ich folge dir nach

HERR, ich liebe die Stätte deines Hauses und den Wohnort deiner Herrlichkeit.
Ps 26,8

Ich folge dir nach

Komm, öffne uns die Tür, oh Gott,
die Tür zum Leben.

Komm, öffne uns das Tor, oh Gott,
das, was du uns gegeben.

Dort, wo du wohnst,
dort atme ich.

Dort, wo du wohnst,
dort lache ich.

Komm, öffne mir die Pforte, Gott,
die weite Pforte, lebenslicht.

Ach, öffne mir die Pforte, Gott,
die Liebesort und Leben heißt.

Mutig werden

Johannes hat kein Zeichen getan; aber alles, was Johannes über diesen gesagt hat, erwies sich als wahr. Und viele kamen dort zum Glauben an ihn.
Joh 10,41b.42

> Ich singe dir mit Herz und Mund, mit meinem ganzen Leben. Ich singe vom Mut, der das Leben trägt, aus dem wir unsre Hoffnung weben.

Da sagte er zu ihnen: Kommt mit an einen einsamen Ort, wo wir allein sind, und ruht ein wenig aus!
Mk 6,31a

> Schenk uns, Gott, deine heilsame Stille, groß und berührend. Ein Meer, in dem wir das Leben hören, das sonst unter dem Lärm verborgen bleibt.

Ich sage dir: Steh auf, nimm deine Liege und geh nach Hause!
Mk 2,11

> Gott, lass jede Gabe, die du mir schenkst, in mir wachsen und dazu dienen, Freude zu schenken. Lass mich in jeder Stunde der Freude und des Schmerzes deine Nähe spüren.

Jesus ging in ein Haus und wieder kamen so viele Menschen zusammen, dass sie nicht einmal mehr essen konnten.
Mk 3,20

> Durchschienen von deinem Licht fürchte ich den Tag nicht, Gott. Ich stehe auf, gehe den Weg, den du mir weist und danke für das Leben, das ich heute empfange.

Wie in der ganzen Welt, so trägt es auch bei euch Frucht und wächst seit dem Tag, an dem ihr den Ruf der göttlichen Gnade vernommen und in Wahrheit erkannt habt.
Kol 1,6b

Lass uns nicht müde werden und aufgeben, Bruder Jesus. Wir sehen zu viel und vergessen das Wesentliche. Wir sind erschöpft von all dem, was auf uns einstürmt. Darum schenke uns neue Kraft für den Weg. Und befreie uns von der Angst, es nicht zu schaffen.

Er ist es, der Himmel und Erde erschafft, das Meer und alles, was in ihm ist. Er hält die Treue auf ewig.
Ps 146,6

Dein Lob sei zu allen Zeiten in mir, meinem Leben, meinen Liedern, Gott, Vater des Lebens. Dein Lob fülle mich aus in den dunklen Nächten und an den Tagen der Freude.

Der Herr aber ist der Geist; wo aber der Geist des Herrn ist, da ist Freiheit.
2 Kor 3,17

> Lass mich dir trauen, wie man dem Tag traut an einem sonnigen Morgen, wie die Amsel heiter ihr Lied schmettert, wie die Nachtigall den Abend mit liebevollen Klängen füllt. So lass mich frei und voll Vertrauen meinen Weg gehen.

Wenn das Haus es wert ist, soll euer Friede bei ihm einkehren. Wenn das Haus es aber nicht wert ist, dann soll euer Friede zu euch zurückkehren.
Mt 10,13

> Wie du den Frieden über mich heut legst, so lass mich glauben, gehen meinen Weg. Wie du mich segnest, segne nun auch ich. Du bist mein Herr und Gott, bewahre mich.

Ich in ihnen und du in mir. So sollen sie vollendet sein in der Einheit, damit die Welt erkennt, dass du mich gesandt hast und sie ebenso geliebt hast, wie du mich geliebt hast.
Joh 17,23

> Herr, weise uns die Richtung für unser Leben. Lass uns erkennen, was wahr, gerecht und barmherzig ist. Gib uns die Fähigkeit, nicht auf unsere Größe zu achten, sondern auf das, was zum Guten dient.

Und jetzt vertraue ich euch Gott und dem Wort seiner Gnade an, das die Kraft hat, aufzubauen und das Erbe in der Gemeinschaft der Geheiligten zu verleihen.
Apg 20,32

> Lehre mich bitten, Quelle der Gnade. Lehre mich für mich selbst zu bitten, ohne mich an meine Wünsche zu klammern. Lehre mich für andere bitten, ohne sie damit bevormunden zu wollen. Gib meinem Gebet für mich und für andere Größe und schenke mir Vertrauen in deinen Weg mit uns.

Denn ich habe mich der Pflicht nicht entzogen, euch den ganzen Ratschluss Gottes zu verkünden.
Apg 20,27

> In die übersehenen Wunder und in die lauten, in die ungesehenen Herzen und in die Selbstdarsteller, in die unscheinbaren Weggefährten und in die unübersehbaren Wegbereiter, in alle, Herr, legst du deinen Segen. Manchmal halten wir inne und staunen. Wind und Meer sind in deiner Hand. Und selbst die Stille singt dein Lied.

In der Welt seid ihr in Bedrängnis; aber habt Mut: Ich habe die Welt besiegt.
Joh 16,33b

> Du sprichst zu mir: Du bist frei und geliebt. So soll auch ich zu anderen sprechen. Gib mir dazu den Mut und die Kraft gerade für diesen Tag.

Er sagte zu ihnen: Warum habt ihr solche Angst? Habt ihr noch keinen Glauben?
Mk 4,40

> Herr, unser Gott, sieh unseren Kleinglauben und gib uns Mut. Sieh unsere unsicheren Schritte und gib uns sichere Bahn. Sieh unser Zögern und nimm uns an der Hand, dass wir gehen und tun, was jetzt wesentlich ist.

Aber jetzt geh, führe das Volk, wohin ich dir gesagt habe! Siehe, mein Engel wird vor dir hergehen.
Ex 32,34a

> Schenke mir Größe: losgehen, auch wenn ich mich schwach fühle. Eine Richtung einschlagen, auch wenn sie falsch sein kann. Vertrauen investieren, auch wenn es enttäuscht werden kann. Lass mich jetzt gehen, jetzt wagen. Jetzt traue ich dir etwas zu. Ich gehe nicht allein.

*Wir wissen, von Gott geliebte Brüder und Schwestern,
dass ihr erwählt seid.*
1 Thess 1,4

> Herr, dass du uns rufst und erwählst, spüren wir oft kaum. Gib uns neue Worte, dass wir es uns sagen können, wenn du es uns zurufen lässt, dass wir Kinder deiner Liebe sind.

Der HERR selbst zieht vor dir her. Er ist mit dir. Er lässt dich nicht fallen und verlässt dich nicht. Du sollst dich nicht fürchten und keine Angst haben.
Dtn 31,8

> Ja, Herr, die Welt ist voller Schönheit und Schrecken. So lass mich auf dich sehen, wie du vor mir bist, neben mir, hinter mir, über mir, wie du mich von allen Seiten umgibst. Und nimm meine Hand in die deine, damit ich mich an dir festhalten kann, wenn ich ins Stolpern gerate.

Dein Haus, die Menschen deiner Gnade

Du aber, mein Sohn Salomo, erkenne den Gott deines Vaters; diene ihm mit ungeteiltem Herzen und williger Seele; denn der HERR erforscht alle Herzen und kennt jedes Sinnen der Gedanken. Wenn du ihn suchst, lässt er sich von dir finden.
1 Chr 28,9

> Sieh, Gott, mein Herz, wie ich mich anstrenge. Hilf mir, dass aus meinem Tun Gutes entsteht, dass es mir und anderen dient.

Denn wenn ihr den Menschen ihre Verfehlungen vergebt, dann wird euer himmlischer Vater auch euch vergeben.
Mt 6,14

> Frieden fällt uns schwer. Der Frieden mit anderen und auch mit uns selbst. Hilf du uns, ruhig und freundlich zu werden und uns selbst und den Menschen neben uns zu achten.

Denn wer seinen Dienst gut versieht, erlangt einen hohen Rang und große Zuversicht im Glauben an Christus Jesus.
1 Tim 3,13

> Alles vertraust du uns an, Vater der Welt. Die weite der Welt und die Gestaltung des eigenen Lebens. Den Menschen neben uns, damit wir ihn achten. Die Menschen, die vor uns waren, deren Erbe wir weitertragen. Alles vertraust du uns an. Lass es uns zum Segen werden.

Wer aber die Wahrheit tut, kommt zum Licht, damit offenbar wird, dass seine Taten in Gott vollbracht sind.
Joh 3,21

> Lass uns zu Boten des Friedens werden, barmherziger Gott, dass wir eine andere Welt bauen, eine andere Zukunft, freundlicher, mitfühlender. Dass dein Friede Raum gewinnt in unserer Zeit.

Geht ins Gebirge, schafft Holz herbei und baut den Tempel wieder auf! Das würde mir gefallen und mich ehren, spricht der HERR.
Hag 1,8

> Zeige uns, Vater, was wir für unseren Lebensbau nötig haben. Welches Holz wir brauchen, welcher Stein zu unserem Lebenshaus passt. Lass uns so sorgsam an unserem Leben tätig sein, damit es dir zum Tempel wird.

Lasst die Arbeit an jenem Gotteshaus weitergehen!
Esra 6,7a

> Vater, in einer Zeit der Kirchenferne fällt es oft schwer, an eine gute Zukunft deiner Kirche zu glauben. Doch du trägst die Kirche, ja die ganze Welt. Auch wenn unsere Augen nur Grenzen sehen. Du siehst hinter dem Horizont den neuen Tag. Hilf uns zu solchem Vertrauen.

Gideon errichtete an jener Stelle einen Altar für den HERRN und nannte ihn: Der HERR ist Friede.
Ri 6,24a

> Am Altar zur Ruhe kommen, Frieden finden mit sich selbst, dem Menschen neben mir. Wissen: Ein Friede ist in der Welt trotz allem Kampf, trotz aller Verzweiflung, trotz allem Unfrieden. Es ist ein ungeteilter Frieden in dieser Welt. Der gilt allen, auch mir. Herr des Friedens, begegne mir.

Ja, du Volk auf dem Zion, das in Jerusalem wohnt, ganz sicher wirst du nicht mehr weinen. Ganz sicher wird er dir gnädig sein auf die Stimme deines Hilfegeschreis hin; sobald er es hört, antwortet er dir.
Jes 30,19

> Abgrund der Sehnsucht, unermessliche Hoffnung, gib uns die Freiheit, uns deiner Lebensfreude zu öffnen. Schenke uns Genuss fern der Gier und einen fröhlichen, gelassenen Blick auf unser Leben.

Während Jesus im Tempel lehrte, rief er: Ihr kennt mich und wisst, woher ich bin; aber ich bin nicht von mir aus gekommen, sondern er, der mich gesandt hat, ist wahrhaftig. Ihr kennt ihn nur nicht.
Joh 7,28

> Vater, das, was wir mit den Händen greifen können, mit dem Herzen spüren und mit den Augen sehen, scheint uns oft realer. Du aber begegnest uns vielfältiger. Lehre uns, nicht nur auf das zu schauen, was wir schnell erfassen können, sondern unser Vertrauen auch dann in dich zu setzen, wenn du uns unendlich fern scheinst.

Ahmt Gott nach als seine geliebten Kinder.
Eph 5,1

> Weil du mich geschaffen hast, bin ich wie du: Mensch aus deiner Gnade. Dein Gegenüber. Befähigt und begabt. Ein Wunder deiner Liebe. Lass mich das heute erfahren und leben.

Dieser traf zuerst seinen Bruder Simon und sagte zu ihm: Wir haben den Messias gefunden – das heißt übersetzt: Christus.
Joh 1,41

> Herr, gib uns Mut, Neuem zu begegnen, Geduld, Fremdes zu begreifen, und lass uns nicht gleich verwerfen, was wir nicht verstehen.

Der HERR festigt die Schritte des Menschen, an seinem Weg hat er Gefallen.
Ps 37,23

> Von dir empfangen wir. So lass uns nicht aufhören, weiterbauen. Nicht aufgeben, weiterhoffen. Nicht sitzenbleiben, weitergehen. Der Bau schreitet nur voran, wenn wir es ihm zutrauen. Es gibt mehr Möglichkeiten unter deinem weitem Himmel, als wir ahnen.

Vom Anfang bis zum Ende

Im Anfang erschuf Gott Himmel und Erde.
Gen 1,1

Von Anfang bis zum Ende

Die Zeit rinnt aus deinen Händen,
von dir geschaffen.

Sie rinnt durch mich hindurch, hinweg.
Die Zeit rinnt aus deinen Händen
und nimmt kaum Wohnung in mir.

Du aber füllst mich mit Tagen und Stunden,
mit Wochen, Minuten, Sekunden.

Ich atme ein, atme aus,
es wird Morgen und Abend.
Und ich selbst wandle mich, Gott,
in deine Zeit.

Und doch rinnt die Zeit aus deinen Händen,
rinnt durch mich hindurch ins Ewig.

Und nichts ist verloren,
stets ist erster Tag:
Abend und Morgen
im Segen vor dir.

Morgen und Abend

Die Huld des HERRN ist nicht erschöpft, sein Erbarmen ist nicht zu Ende. Neu ist es an jedem Morgen; groß ist deine Treue.
Klgl 3,22.23

> Wir beginnen neu, Gott, an jedem Tag neu, weil du uns neu beginnen lässt. Wir brauchen den Anfang, der uns vorauseilt und uns die Tür öffnet. Zu diesem Tag, zu dieser Woche. Wir brauchen den Himmel, den du uns öffnest, jeden Tag neu. Füll uns mit dir.

In aller Frühe, als es noch dunkel war, stand er auf und ging an einen einsamen Ort, um zu beten.
Mk 1,35

> In der Stille des Morgens, noch verbunden mit dem Schweigen der Nacht vor dich treten. Leise. Eine Geste der Zuversicht: Auch dieser Morgen ist dein Morgen. Auch dieser Tag von dir gewollt. Wunderbar, einzigartig, Geschenk.

Jede gute Gabe und jedes vollkommene Geschenk kommt von oben herab, vom Vater der Gestirne, bei dem es keine Veränderung oder Verfinsterung gibt.
Jak 1,17

> So beginne wir heute diesen Tag: Wir blicken auf die Möglichkeiten und Chancen, auf alle guten Gaben. In dir bleiben wir geborgen, Gott.

Doch über alle Maßen groß war die Gnade unseres Herrn, die mir in Christus Jesus den Glauben und die Liebe schenkte.
1 Tim 1,14

> Wir können es nicht fassen, nicht festhalten, ja oft nicht glauben, wie du uns begegnest. So lass uns heute wieder anfangen, deine Gnade zu sehen: im Lied der Amsel und im Wasser am Morgen, im Brot und in der Hand, die mir heute gereicht wird. In allem bist du.

Wer den Willen Gottes tut, der ist für mich Bruder und Schwester und Mutter.
Mk 3,35

> Was ist dein Wille, Gott, heute und für mich? Öffne Augen und Herz. Lass mich den Menschen entdecken, der mir heute anvertraut ist.

Nach dem Feuer kam ein sanftes, leises Säuseln.
1 Kön 19,12c

> Heiliges Schweigen umhüllt uns, Gott. Leise trittst du zu uns, überhörbar. Ein stilles Säuseln. Wir spüren die Kraft der Stille und erhoffen deine Hilfe. Bleib uns auch heute nah.

Er verglimmt nicht und wird nicht geknickt, bis er auf der Erde das Recht begründet hat. Auf seine Weisung warten die Inseln.
Jes 42,4

> Auf dich, Herr, können wir vertrauen. Du bist ein Gott, der nah bleibt. Lehre auch uns, uns selbst treu zu bleiben und die Menschen zu sein, die wir sind und als die du uns gewollt hast und liebst.

Und der HERR wird sein Wort wahr machen, das er mir gegeben hat, als er sagte: Wenn deine Söhne auf ihren Weg achten und aufrichtig mit ganzem Herzen und ganzer Seele vor mir leben, wird es dir nie an Nachkommen auf dem Thron Israels fehlen.
1 Kön 2,4

> Unser Vertrauen in dich ist klein, Gott. Darum lass uns auch heute die Worte der Ermutigung hören, damit uns der Tag gelingt.

Es wurde Abend und es wurde Morgen: erster Tag.
Gen 1,5b

Am Abend eines jeden Tages halte ich inne: Ich lege, was ich heute wurde, zurück in deine Hand. Lass aus diesem Tag, aus diesem Abend einen neuen Morgen entstehen, der mir zum Segen wird.

In dieser Gegend lagerten Hirten auf freiem Feld und hielten Nachtwache bei ihrer Herde.
Lk 2,8

In jener Nacht der Nächte, als die Stille sich weitete, Vater. In jener Nacht, warst du nah in den Menschen, die wachten, den singenden Engeln und in jener Herberge, in der die Nacht zum Tag sich wandelte. Solche Nächte schenk unserem Hoffen.

Jesus antwortete: Hat der Tag nicht zwölf Stunden? Wenn jemand am Tag umhergeht, stößt er nicht an, weil er das Licht dieser Welt sieht.
Joh 11,9

> Auch an diesem Tag stand mir manches im Weg, bin ich über dieses und jenes gestolpert, konnte anderem ausweichen. Jetzt lege ich dies alles vor dir ab. Bewahre mich an diesem Abend und in dieser Nacht vor Hindernissen, über die ich stürzen könnte, lass mich ausweichen, wenn der Weg nicht mehr weitergeht. Hilf mir, deiner Leitung zu vertrauen.

Bei Tag entbietet der HERR seine Huld und in der Nacht ist sein Lied bei mir, ein Gebet zum Gott meines Lebens.
Ps 42,9

> Darum bitte ich dich, dass diese Nacht und jede Nacht mir dein Lied singt: das Lied der Liebe des Lebens. Und dass ich einstimmen kann in diesen Jubel, wenn auch manchmal unter Tränen.

Der HERR ist dein Hüter, der HERR gibt dir Schatten zu deiner Rechten. Bei Tag wird dir die Sonne nicht schaden noch der Mond in der Nacht.
Ps 121,5.6

> Wenn der Schatten sich über mich legt und ich mit Sorge zum Himmel hinaufsehe, wenn die Nacht dunkel ist und das Licht der Sterne verblasst, dann zeige mir, dass du im Schatten bist, du mich umhüllst und bewahrst vor dem grellen Licht und vor allem Schaden.

Er lässt deinen Fuß nicht wanken; dein Hüter schlummert nicht ein. Siehe, er schlummert nicht ein und schläft nicht, der Hüter Israels.
Ps 121,3.4

> Ich stelle es mir vor, beim Einschlafen, wie du wachst, Ewiger, Einziger. Ich lass mich gleiten und falle hinein in deine Hand. Mein Fuß, ja mein ganzes Sein stürzt nicht irgendwohin. Du bist da, auch jetzt – und in den tausend Nächten, in denen der Glaube weicht.

Nun geht der Mensch hinaus an sein Tagwerk, an seine Arbeit bis zum Abend.
Ps 104,23

> Jeden Tag, mein Herr und Gott, mühe ich mich ab. Jeder Tag ist gefüllt vom Morgen bis zum Abend. Jetzt bitte ich dich um deinen Segen für meine Mühe, für meine Sorgen und meine Freude. Alles sei in dir geborgen.

Bleibe bei uns; denn es wird Abend, der Tag hat sich schon geneigt! Da ging er mit hinein, um bei ihnen zu bleiben.
Lk 24,29

> Ach, Herr, lehre uns zu bleiben, wo wir nötig sind, schenke uns die Fähigkeit, einer Bitte zu entsprechen, standhaft zu sein, wo wir wirklich gebraucht werden.

Tages- und Jahreskreis

Für euch gilt: Was ihr von Anfang an gehört habt, soll in euch bleiben; wenn in euch bleibt, was ihr von Anfang an gehört habt, dann werdet auch ihr im Sohn und im Vater bleiben.
1 Joh 2,24

> Mach mich, oh Herr, mein Gott, bereit für dich. So vieles habe ich gehört, das ich vergessen will. Aber den Anfang, Vater, den Anfang lass mich bewahren mir zum Segen.

Sie gingen in das Haus und sahen das Kind und Maria, seine Mutter; da fielen sie nieder und huldigten ihm.
Mt 2,11a

> Vor dir, Herr, halten wir inne, bleiben stehen, fallen auf die Knie. In dir suchen wir Stille für unseren Tag, Freude für unser Herz, Güte und Liebe.

Doch aus dem Baumstumpf Isais wächst ein Reis hervor, ein junger Trieb aus seinen Wurzeln bringt Frucht.
Jes 11,1

> Lass mich heute eine Kerze entzünden, Herr, eine kleine Kerze, die im Dunkel des Abends flackert. Lass mich damit zeigen, dass mein Vertrauen auch heute Abend größer ist als meine Angst, größer als die Hoffnungslosigkeit und größer als alle Sorgen. Ich vertraue mich dir an, Gott.

Die Hirten kehrten zurück, rühmten Gott und priesen ihn für alles, was sie gehört und gesehen hatten.
Lk 2,20

> Lass unser Ja zu dir groß und frei sein in diesem neuen Jahr. Bewahre du uns und lass uns all das in unserem Herzen bewahren, was dem Leben Würde und Schönheit verleiht. Und wenn dunkle Tage über uns kommen, so gib, dass wir daran nicht zerbrechen.

Die Zeit ist erfüllt, das Reich Gottes ist nahe. Kehrt um und glaubt an das Evangelium!
Mk 1,15b

> Gott, du bist die Stärke, sieh meine Schwäche. Du bist das Wort, sieh meine Sprachlosigkeit. Du bist die Weisheit, sieh mein Unvermögen. Wandle und erneuere.

Als Jesus vorüberging, richtete Johannes seinen Blick auf ihn und sagte: Seht, das Lamm Gottes!
Joh 1,36

> Und Johannes sieht: Lamm Gottes, nicht Macht und Stärke, sondern Freundlichkeit und Geduld, Hingabe und Vertrauen, Kraft aus der Stille. Geheimnis.

Nach mir kommt einer, der ist stärker als ich; ich bin es nicht wert, mich zu bücken und ihm die Riemen der Sandalen zu lösen.
Mk 1,7

> Wir warten auf dein Kommen, Herr. Voller Vorfreude hoffe wir auf dich und deine Güte, die wir schon jetzt erleben, gerade in dieser Zeit. Lass uns offen werden für alles, was du uns schenkst.

Steig auf einen hohen Berg, Zion, du Botin der Freude! Erheb deine Stimme mit Macht, Jerusalem, du Botin der Freude! Erheb deine Stimme, fürchte dich nicht! Sag den Städten in Juda: Siehe, da ist euer Gott.
Jes 40,9

> Trost der ganzen Welt, wir warten auf dich. Wir sehnen uns danach, dass Leben gelingt, dass es gut wird. Komm du zu uns und tröste uns. Komm du zu uns und singe mit uns Lieder der Freude.

Ist es nicht nur noch eine kurze Zeit, dann wandelt sich der Libanon in einen Baumgarten und der Baumgarten wird als Wald gelten?
Jes 29,17

> Lass uns heiter werden und gelassen, wie mühsam der heutige Tag auch sei. Denn wir wissen nicht, wohin er uns führt. Aber wir vertrauen, dass du uns führst.

Diese sagten: Der Herr ist wirklich auferstanden und ist dem Simon erschienen.
Lk 24,34

> Das Wunder ist geschehen, dein Wunder geschieht. Das Staunen weckt uns neu, Gott, reißt uns heraus aus der Genügsamkeit. Du bist uns nah, du Lebendiger, und wir können dir begegnen, ganz gleich, wo wir sind.

GOTT, der Herr, gab mir die Zunge von Schülern, damit ich verstehe, die Müden zu stärken durch ein aufmunterndes Wort. Jeden Morgen weckt er mein Ohr, damit ich höre, wie Schüler hören.
Jes 50,4

> Lass uns frei werden, mit dir zu gehen. Befreie uns aus unseren selbst geschaffenen Gräbern der Kleinlichkeit. Löse uns aus Bindungen, die uns und andere zerstören. Lass es Ostern werden in uns und um uns.

Was sucht ihr den Lebenden bei den Toten?
Lk 24,5b

> Das Leben siegt. Das schönste Wort sagst du uns zu, Gott. Du rufst uns einen Namen ins Gedächtnis, damit das Leben siegt. Wir sprechen ihn aus und dich und uns an.

Als sie gebetet hatten, bebte der Ort, an dem sie versammelt waren, und alle wurden mit dem Heiligen Geist erfüllt und sie verkündeten freimütig das Wort Gottes.
Apg 4,31

> Dein Wort hat Kraft. Darauf lass uns vertrauen, wenn wir heute keine Antwort wissen oder die Antwort zu spät denken. Dein Wort erreicht uns und wir werden es sagen zu deiner Zeit.

Der Wind weht, wo er will; du hörst sein Brausen, weißt aber nicht, woher er kommt und wohin er geht. So ist es mit jedem, der aus dem Geist geboren ist.
Joh 3,8

> Lass uns auf das lauschen, was ist, was uns umgibt, lass uns durchatmet sein von deinem Geist, damit er aus uns heraus leuchtet, aus uns heraus weiterweht.

Und alle aßen und wurden satt.
Mk 6,42

> Gott, gib mir heute das, was ich brauche: Arbeit für meine unruhigen Hände, Nahrung für meinen hungrigen Körper, Antworten für meinen fragenden Geist, Freude und Liebe für mein bedürftiges Herz und Frieden für meine suchende Seele.

Siehe, hiermit lege ich dir heute das Leben und das Glück, den Tod und das Unglück vor.
Dtn 30,15

> Glück entdecken, innehalten, nachdenken, Reduktion auf das in diesem Moment Nötige. Heute hoffe ich auf das Nötige, das, was mich leben lässt. Ich nehme es auf aus dem, was du mir vorlegst, Herr.

Sie staunten über alle Maßen und sagten: Er hat alles gut gemacht; er macht, dass die Tauben hören und die Stummen sprechen.
Mk 7,37

> Jeden Tag staunen, Herr, Liebender, jeden Tag. Dass ich ein Wort finde, ein gutes Wort höre. Dass ich die verstehe, die scheinbar nichts zu sagen haben, dass ich auf die höre, denen längst alle Sprache abhandengekommen ist. Staunen und entdecken: Trotz allem ist es gut.

Allen aber, die ihn aufnahmen, gab er Macht, Kinder Gottes zu werden, allen, die an seinen Namen glauben.
Joh 1,12

> Dein Heil sei Licht in der Dunkelheit und Wärme in kalter Zeit. Es umhülle uns gerade dann, wenn wir es besonders nötig haben. Schenke uns das Vertrauen in dein Heil, Vater, auch im neuen Jahr.

Ist denn beim HERRN etwas unmöglich? Nächstes Jahr um diese Zeit werde ich wieder zu dir kommen; dann wird Sara einen Sohn haben.
Gen 18,14

> Ein Jahr kann lang sein, Herr, sehr lang. Und unsere Zweifel sind groß. Und unsere Ängste stark. Und unser Vertrauen ist klein, so klein. Aber auf dein Wort hin lass uns dieses Jahr auf dich trauen.

Du hast das Jahr mit deiner Güte gekrönt, von Fett triefen deine Spuren.
Ps 65,12

> Du krönst dieses Jahr, mein Gott. So jubeln, ein ganzes Jahr: Ich wage zu leben ganz ohne Angst, weil du mich liebst und beschenkst.

Mein Leben vor dir

Was ihr braucht, ist Ausdauer, damit ihr den Willen Gottes erfüllt und die Verheißung erlangt.
Hebr 10,36

> Ja, Herr, wir brauchen Durchhaltevermögen, um nicht aufzugeben und uns nicht abhalten zulassen. Wir brauchen Zuversicht, dass dort noch etwas ist, etwas für das sich das Leben lohnt. Schenke uns das, was uns hilft, den Ort der Verheißung zu erreichen.

Freut euch am HERRN, ihr Gerechten, dankt seinem heiligen Namen!
Ps 97,12

> Wir freuen uns an dir Gott, wir freuen uns. Jeder Tag sagt es uns neu, selbst in den schweren und dunklen Stunden, in allem ist Freude verborgen. Lass uns nicht blind dafür werden!

Ist nicht das ein Fasten, wie ich es wünsche: die Fesseln des Unrechts zu lösen, die Stricke des Jochs zu entfernen, Unterdrückte freizulassen, jedes Joch zu zerbrechen?
Jes 58,6

> Komm mit deinem Lieben in unser Leben zu jedem, der dich nötig hat, löse unsere Ängste, gib Mut für Schritte der Versöhnung, das wir alle unter deinem Segen leben.

Und alles, was wir erbitten, empfangen wir von ihm, weil wir seine Gebote halten und tun, was ihm gefällt.
1 Joh 3,22

> Jeder Tag beginnt neu. Jung, wie neugeboren beginnen wir. Und so bitten wir dich, Vater, für den Weg durch diese Zeit: Segne unsere Schritte heute. Fülle unsere Herzen mit Freude heute. Lass unsere Sinne, unser Herz, unseren Mund einen Grund zum Lachen finden.

Ja, wir sind Knechte. Aber auch in unserer Knechtschaft hat unser Gott uns nicht verlassen.
Esra 9,9a

> Auch wenn ich mich ausgeliefert fühle, keine Möglichkeiten sehe, mein Leben zu gestalten, auch dann lass mich deiner Gnade trauen und das tun, was nötig ist.

Wahrhaftig, groß ist das Geheimnis unserer Frömmigkeit: Er wurde offenbart im Fleisch, gerechtfertigt durch den Geist, geschaut von den Engeln, verkündet unter den Völkern, geglaubt in der Welt, aufgenommen in die Herrlichkeit.
1 Tim 3,16

> Es gibt Tage, großer Gott, da möchte ich wie ein hilfreicher Engel sein. Und ich möchte die Welt wiedersehen mit den großen Augen der Kinder, die alles neu entdecken, für die so vieles das erste Mal geschieht. Lass mich dich neu entdecken, Gott, fern aller festgelegten Ideen.

Freut euch in der Hoffnung, seid geduldig in der Bedrängnis, beharrlich im Gebet!
Röm 12,12

> Nichts kann das Leben aus uns vertreiben, das du in uns hineinlegst. Wir stehen und staunen und warten auf deinen Tag, der uns aus der Vermischung zwischen dem Leben mit dir und dem Leben mit uns selbst erlösen wird.

O Tiefe des Reichtums, der Weisheit und der Erkenntnis Gottes! Wie unergründlich sind seine Entscheidungen, wie unerforschlich seine Wege!
Röm 11,33

> Dein Lauf der Liebe hält uns für würdig, wie weit wir auch immer von dir entfernt sein mögen. Du hast keinen anderen Wunsch, als Leid und Not zu überwinden, ohne den Menschen zur Marionette werden zu lassen. Wir legen unsere Zukunft in deine Hand.

*Er sagte: Ich bin die Stimme eines Rufers in der Wüste:
Ebnet den Weg für den Herrn!, wie der Prophet Jesaja
gesagt hat.*
Joh 1,23

> Lass uns heute Baumeister an deinem Weg sein.
> Vielleicht ist es nur ein Stein, den wir verlegen, oder
> ein Ast, den wir aus dem Wege räumen. Aber dafür
> lass uns bereit sein, Gott.

*Geliebte, jetzt sind wir Kinder Gottes. Doch ist noch nicht
offenbar geworden, was wir sein werden. Wir wissen,
dass wir ihm ähnlich sein werden, wenn er offenbar wird;
denn wir werden ihn sehen, wie er ist.*
1 Joh 3,2

> Wir wissen vieles, Gott, doch was wir sein können,
> wissen wir nicht. Hilf uns vertrauen und die Hoff-
> nung auf eine Zukunft zu bewahren, die größer und
> schöner ist, als wir es uns heute vorstellen können.

Rede zur ganzen Gemeinde der Israeliten und sag zu ihnen: Seid heilig, denn ich, der HERR, euer Gott, bin heilig.
Lev 19,2

> Hilf uns zu träumen, Gott, von einer Welt, in der Gerechtigkeit nicht nur eine Floskel ist, von einer Kirche, die liebevoll und ehrlich Gemeinschaft lebt, von Menschen, die sich ehrlich, klar, freundlich und offen begegnen. Und schenke dem Traum einen realen Anfang.

Ich erinnere euch, Brüder und Schwestern, an das Evangelium, das ich euch verkündet habe. Ihr habt es angenommen; es ist der Grund, auf dem ihr steht.
1 Kor 15,1

> Dennoch sagen: Ja, es war gut. Trotz allem sagen können: Deine Gnade ist größer. Und ich bin fröhlich in allem, was der nahe und der ferne Gott heute jetzt und hier mir an Leben anvertraut. Übergroß, nicht zu fassen bist du, Gott. Erinnere mich täglich an deine Überraschungen des Lebens.

Dann sagte er zu ihnen: Das sind meine Worte, die ich zu euch gesprochen habe, als ich noch bei euch war: Alles muss in Erfüllung gehen, was im Gesetz des Mose, bei den Propheten und in den Psalmen über mich geschrieben steht.
Lk 24,44

> Vertrauen wagen auf dein heilsames Recht, das auch mir gilt, das durchsetzbar ist und durchgesetzt wird, das ist Gnade und es führt in deine Gnade. Lass mich leben aus diesem Vertrauen: Ich warte und mein Warten geht nicht ins Leere. Es wird Fülle und Recht und Gerechtigkeit sein.

Ich bin der HERR, dein Gott, der dich aus dem Land Ägypten geführt hat, aus dem Sklavenhaus.
Ex 20,2

> In deiner Freiheit leben wir, Gott, und kennen uns doch oft nicht aus, sehnen uns nach klaren Bestimmungen. Du aber lädst uns immer neu ein, dem Wagnis zu trauen, die Freiheit zu nutzen, neue Wege zu gehen im Vertrauen auf dich, der du aus der Knechtschaft führst.

Lasst beides wachsen bis zur Ernte und zur Zeit der Ernte werde ich den Schnittern sagen: Sammelt zuerst das Unkraut und bindet es in Bündel, um es zu verbrennen; den Weizen aber bringt in meine Scheune!
Mt 13,30

> Schenke uns Geduld und Großmut, Herr. Wir wissen oft nicht, was in unserem Leben Unkraut ist und was das gute Korn. Gib uns die Freiheit, alles wachsen zu lassen, was ist, und uns an allen Blüten und Früchten zu freuen.

Und das tut im Wissen um die gegenwärtige Zeit: Die Stunde ist gekommen, aufzustehen vom Schlaf.
Röm 13,11a

> Du Vater des Lebens, Herr der Welt, lass uns zur Vollendung unterwegs sein. Lass unser Ziel Liebe sein. Eines Tages werden wir darin Ruhe finden. Bis dahin wollen wir tätig sein. Hilf uns dazu.

Dann sagte er zu ihnen: Geht hinaus in die ganze Welt und verkündet das Evangelium der ganzen Schöpfung!
Mk 16, 15

> In alle Welt hinaus wollen wir es rufen, davon singen, miteinander tanzen: Nicht das Dunkelste und Schwerste, nicht das Hellste und Heiterste kann uns trennen. In allem bleiben wir verbunden. Auch der Tod, der dunkle schwere Tod, hat die letzte Macht verloren. Wir bleiben geborgen und verbunden in dir.

Dann befahl David der ganzen Versammlung: Preist den HERRN, euren Gott! Und die ganze Versammlung lobte den HERRN, den Gott ihrer Väter. Sie verneigten sich und warfen sich nieder vor dem HERRN und dem König.
1 Chr 29,20

> Du schenkst uns das Lob, Gott, jeden Tag ein Lob vor dir für die großen und kleinen Wunder des Lebens. Gemeinsam lass uns dir singen, nicht aufhören, von dem zu erzählen, was das Leben bereichert.

Ebenso, sage ich euch, herrscht bei den Engeln Gottes Freude über einen einzigen Sünder, der umkehrt.
Lk 15,10

> Du freust dich über jeden, der neue Wege findet, nicht immer im ewig Gleichen bleibt. Du lässt uns frei und suchst uns und immer wieder dürfen wir beginnen. Du, Gott der Anfänge, segne uns.

Denn die Zeit zu ernten ist gekommen: Die Frucht der Erde ist reif geworden.
Offb 14,15b

> Es ist an der Zeit, Gott, dass das Reife uns bereichert, dass wir dir unsere Gaben bringen. Es ist an der Zeit, Gott, dass wir neu vor dir leben. Gib uns den Mut, die Ernte vor dir zu beginnen.

Wegbegleiter aus alter Zeit

Vielfältig und auf vielerlei Weise hat Gott einst zu den Vätern gesprochen durch die Propheten.
Hebr 1,1

Wegbegleiter aus alter Zeit

Manchmal sehe ich sie vor mir,
deine Freunde, Gott,
schräge Gestalten:
Jakob, der Schlaue,
der flüchten musste,
ein Schlitzohr,
oder Elia, der glühende Verteidiger,
ein Feigling in der Wüste,
oder Petrus, der Draufgänger,
und dann keinen Mut zum klaren Wort.
Versager, Feiglinge, Scheiternde.

Und doch: Menschen deiner Gnade.
Nicht außergewöhnlich, nur nicht allein.
Nicht besonders klug oder frei
oder wahrheitsliebend,
nur von Zeit zu Zeit ehrlich und bereit,
dann und wann die eigene Schwäche zu sehen.
Angewiesen darauf, dass im Leben mehr nötig ist
als das, was sie selbst zu leisten vermochten.
Manchmal sehe ich sie vor mir,
deine schrägen Freunde, Gott.
Und dann sehe ich mich.

Dich sehen

Simeon spricht: Denn meine Augen haben das Heil gesehen, das du vor allen Völkern bereitet hast.
Lk 2,30.31

> Sei unser Licht für diesen Tag, Licht des Lebens, das uns in allen Dunkelheiten unseres Lebens leuchtet. Sei ein heller Strahl in unserer Seele, der uns den Weg ins Morgen weist. Und wenn Zeit und Raum für uns enden, so leuchte du uns voran in deine Ewigkeit.

Maria von Magdala kam zu den Jüngern und verkündete ihnen: Ich habe den Herrn gesehen.
Joh 20,18

> Gott, unser Vater, dein Engel hat Maria die gute Nachricht gebracht. Sie hat darauf gehört und die Nachricht weitergetragen. Wecke unsere Ohren, damit wir hören, wecke unseren Mund, dass wir reden, wecke unsere Herzen, damit wir uns liebend begegnen.

Deine Engel

Der Engel aber sagte zu ihm: Fürchte dich nicht, Zacharias! Dein Gebet ist erhört worden. Deine Frau Elisabet wird dir einen Sohn gebären; dem sollst du den Namen Johannes geben.
Lk 1,13

> Lehre uns neu, zu singen wie Maria und Zacharias, wie Simeon und Mirjam. Gib uns frohe Melodien ins Herz und Worte, die über unser Leben hinausreichen. Lass uns von dem singen, was das Leben trägt – gerade auch dann, wenn wir davon nichts spüren.

Denn er hat seinen Engel gesandt und seine Diener gerettet.
Dan 3,95b

> Wie oft habe ich schon gedacht, ich sei am Ende. Aber immer wieder hast du deinen Engel an meine Seite gesandt. Höre nicht auf, mich zu überraschen, Gott. Ich bin geborgen in dir.

Der Engel des HERRN umschirmt, die ihn fürchten, und er befreit sie.
Ps 34,8

Wie brauchen wir, Freund des Lebens, deinen Zuspruch, deine Güte, deine Nähe. Wie oft gehen wir Wege, die uns gut erscheinen und uns doch in die Irre führen. Dann sende deinen Engel, uns zu bewahren und zu neuem Frieden zu führen.

Da erschien ihm der Engel des HERRN und sagte zu ihm: Der HERR sei mit dir, starker Held.
Ri 6,12

Dein Engel begleite uns, Herr. Wenn wir wie Elia in den Wüsten unseres Lebens zusammenbrechen, lass ihn neben uns stehen. Gib uns, was unsere Seele braucht. Wir können neu beginnen.

Abraham

Da rief ihm der Engel des HERRN vom Himmel her zu und sagte: Abraham, Abraham! Er antwortete: Hier bin ich.
Gen 22,11

> Lass mich wie Abraham antworten: Ich bin hier. Und rufe mich wie Abraham.

HERR, Gott meines Herrn Abraham, lass mich heute Glück haben und erweise meinem Herrn Abraham Huld!
Gen 24,12

> Begegne uns in deiner Barmherzigkeit, Gott, wie vor aller Zeit. Du hast Wege gesegnet und Menschen einander finden lassen, die nichts voneinander wussten. Du bist mitgegangen. So gehe auch mit uns.

Maria

Da sagte Maria: Siehe, ich bin die Magd des Herrn; mir geschehe, wie du es gesagt hast.
Lk 1,38

> Lass uns glauben. Hilf uns, den Aufträgen zuzustimmen, die heute für uns und die Menschen neben uns wesentlich sind.

Da sagte Maria: Meine Seele preist die Größe des Herrn.
Lk 1,46

> Loben will ich dich, dass du, Gott, mir begegnest, mich segnest. Loben will ich dich, mein Gott, und mit anderen singen. Du wirst uns nicht vergessen.

Maria aber bewahrte alle diese Worte und erwog sie in ihrem Herzen.
Lk 2,19

> Lass uns leise wie Maria in uns bewahren, was du schenkst, und darauf vertrauen, dass du uns begleitest bis ans Ende unseres Lebens.

Und selig, die geglaubt hat, dass sich erfüllt, was der Herr ihr sagen ließ.
Lk 1,45

> Wenn wir davon sprechen, was unser Leben ausmacht, dann hilf uns, das im Blick zu behalten, was gut und heilsam ist. Lass uns dem Schweren nicht ausweichen. Aber gib die Kraft, es trotz allem als Wort des Lebens zu verstehen.

Leben in Liebe

Für jetzt bleiben Glaube, Hoffnung, Liebe, diese drei;
doch am größten unter ihnen ist die Liebe.
1 Kor 13,13

Leben in Liebe

Komm, Engel der Liebe,
komm,
wir sind den dunklen Weg gegangen, ohne zu klagen;
wir sind aufgestanden,
oh, so oft aufgestanden,
dass uns die Beine versagen
und die Gelenke den Dienst verweigern.

Komm, Engel der Liebe,
komm,
und sieh uns ins Herz.
Hinter Lehmmauern und Gesteinshalden
haben wir Wärme gespeichert,
die uns verbrennt.

Komm, Engel der Liebe,
komm,
und öffne das Tor,
das wir so sorgsam verschlossen halten,
berühre uns wieder,
beruhige die Wächter,
die uns längst nicht mehr schützen.

Komm, Engel der Liebe,
komm,
öffne das Tor unseres Herzens,
du zärtlicher Bote des herzreichen Gottes,
wir sehnen uns nach einem Leben,
in dem du uns bergleitest
und freundlich umhüllst
und uns auf deinen starken Schwingen
zu neuen Ufern trägst.

Meine Seele wartet auf dich,
mehr als der Wächter auf den Morgen.

Den Schatz finden

Kaum war ich an ihnen vorüber, fand ich ihn, den meine Seele liebt.
Hld 3,4a

> Sieh, Gott, meine Seele, wie sie sich selbst im Wege steht. Wie sie sich fürchtet, Gott, sieh mich an. Und lass mich an diesen Wächtern vorbeihuschen, damit ich Liebe leben kann, fröhlich und frei.

Mit dem Himmelreich ist es wie mit einem Schatz, der in einem Acker vergraben war. Ein Mann entdeckte ihn und grub ihn wieder ein. Und in seiner Freude ging er hin, verkaufte alles, was er besaß, und kaufte den Acker.
Mt 13,44

> Lass uns finden, Herr, wonach wir zutiefst suchen. Lass uns das Glück entdecken und zulassen, wenn es uns begegnet, das Beglückende deiner Nähe.

In der Liebe bleiben

Dies trage ich euch auf, dass ihr einander liebt.
Joh 15, 17

Kein Mensch kann ohne Liebe leben, Vater. Ein einziger Mensch, der einen anderen annimmt, es wagt, ihn lieb zu haben, wie er ist, genügt für das ganze Leben. Gib allen Menschen, auch mir, einen solchen Menschen im Leben.

Die Liebe ist langmütig, die Liebe ist gütig. Sie ereifert sich nicht, sie prahlt nicht, sie bläht sich nicht auf.
1 Kor 13,4

Herr, lass uns Beziehung festhalten trotz des Schmerzes und Mut gewinnen. Lass uns die Tiefe des Glaubens ausloten, auch im Leid. Und dann, am Ende, lass uns das Wunder erleben wie eine offene Tür, weites Land. Deine Stimme hören, Herr, den Ruf an uns. Wie du unsere Namen sagst, uns ermutigst, auch durch die Worte der Menschen neben uns. Du lädst uns ein.

Niemandem bleibt etwas schuldig, außer der gegenseitigen Liebe! Wer den andern liebt, hat das Gesetz erfüllt.
Röm 13,8

> Lehre uns wieder und wieder die Kunst, Schritt vor Schritt zu setzen. Gib uns die Kraft dazu, Mut und Vertrauen. – Und an manchen Tag auch die nötige Wut, um aufzustehen.

Deshalb liebt mich der Vater, weil ich mein Leben hingebe, um es wieder zu nehmen.
Joh 10,17

> Du, Vater des Lebens, du Gott der Wandlung, mach uns stark, stark im Glauben an ein Leben, das allen Toden dieser Welt, allen Zerstörungen und allem Willen zum Hass gewachsen ist – ein Leben, das überwindet.

Die Größe entdecken

Seht, welche Liebe uns der Vater geschenkt hat: Wir heißen Kinder Gottes und wir sind es. Deshalb erkennt die Welt uns nicht, weil sie ihn nicht erkannt hat.
1 Joh 3,1

> Du, Liebe, mache mich zu deinem Bild. Du schenkst mir das Leben neu, lässt mich mir selbst und anderen zum Segen werden. Öffne mich auch heute neu für deine heilsamen Veränderungen.

Als sie gegessen hatten, sagte Jesus zu Simon Petrus: Simon, Sohn des Johannes, liebst du mich mehr als diese? Er antwortete ihm: Ja, Herr, du weißt, dass ich dich liebe. Jesus sagte zu ihm: Weide meine Lämmer!
Joh 21,15

> Gott, du weißt, es fehlt uns überall an Geduld. Und am schwersten ist es in der Liebe. Liebe zu unseren Nächsten und zu uns selbst. Darum wandle uns. Lass uns zu Menschen werden, die mit Menschen leben, nicht gegen sie – und auch nicht gegen uns selbst.

Vor allem bekleidet euch mit der Liebe, die das Band der Vollkommenheit ist!
Kol 3,14

Gib mir Mut, Gott, gib mir den Mut zu deiner Vollkommenheit: neue Lieder singen: Es wagen, auch heute. Neue Lieder anstimmen. Dich sagen hören: Hab keine Angst, geh weiter! Summen: Einer ist da, der mich liebt und hält, einer ist da.

Gott ist Liebe, und wer in der Liebe bleibt, bleibt in Gott und Gott bleibt in ihm.
1 Joh 4,16b

Das ist die Größe und das Wunder, das du uns zumutest: in deiner Liebe bleiben, in der Liebe zueinander bleiben. Manchmal wissen wir nicht, wie das gelingen kann. Sei du dann in uns die Liebe, die wir selbst nicht mehr finden.

Wir wollen lieben, weil er uns zuerst geliebt hat.
1 Joh 4,19

> Herr, lass die Wurzel unsres Handelns Liebe sein.
> Sie ist die größte Gabe. Sie lässt uns tun, was uns
> zu klein, zu anstrengend, zu unbequem erscheint.
> Darum bitten wir dich, Herr, lass Liebe die Wurzel
> unseres Handelns sein.

*Wer auch nur eines von den kleinsten Geboten aufhebt
und die Menschen entsprechend lehrt, der wird im Himmelreich der Kleinste sein. Wer sie aber hält und halten
lehrt, der wird groß sein im Himmelreich.*
Mt 5,19

> Alles fängst du auf in der Liebe. Lass uns entdecken,
> was sie uns sein kann, wie wir durch sie wachsen
> können.

Vom Wunder beschenkt

Freu dich der Frau deiner Jugendtage, der lieblichen Hindin, der anmutigen Gazelle! Ihre Brüste sollen dich immer berauschen und ihre Liebe dich allezeit betören!.
Spr 5,18.19

> Das größte Wunder, das schönste Geschenk, der tiefste Brunnen in unserer Seele: Schenk uns das Glück dieses Wunders. Mach uns fähig zur Liebe.

Alles, was ihr tut, geschehe in Liebe.
1 Kor 16,14

> Lass unser Handeln aus dieser Quelle schöpfen: den anderen nichts Böses wollen, ihn sehen, wie du ihn gewollt hast und uns selbst achten als Menschen, die aus dir geboren sind. So lass das Leben, das wir miteinander führen, neu werden gesegnet von dir.

Denn der Vater selbst liebt euch, weil ihr mich geliebt und weil ihr geglaubt habt, dass ich von Gott ausgegangen bin.
Joh 16,27

> Du selbst liebst den Menschen, wo auch immer er sein mag. Im Osten oder im Westen, im Norden, im Süden. Du gehst jedem entgegen und bewahrst ihn in deiner Hand. Lass uns daran festhalten: Deine Liebe ist größer und endet nicht, wenn unsere Zuwendung endet.

Dein, HERR, sind Größe und Kraft, Ruhm und Glanz und Hoheit; dein ist alles im Himmel und auf Erden. HERR, dein ist das Königtum. Du erhebst dich als Haupt über alles.
1 Chr 29,11

> An manchen Tagen, großer Gott, stehen wir vor dir und staunen: Nichts von all dem, was wir sind, weder unsere Haare, noch unsere Augen, kommen aus unserer Hand. Aus deiner Liebe sind sie. Lehre uns staunen und danken.

Beten lernen

Beten ist ein Weg, den man nicht von heute auf morgen bewältigen kann.

Ich erinnere mich an die Abende mit meiner Großmutter, die mit uns, meiner Schwester und mir, vor dem Einschlafen betete. Ihr Beten mit uns vermittelte mir Sicherheit. Heute würde ich es so formulieren: Wenn sie das so sagen kann, wenn sie mit Gott redet, ihm diesen Tag anvertraut, wenn sie mit uns für den Segen in dieser Nacht bittet, dann wird die Nacht gut. Ich werde sicher schlafen.

Wir schliefen oft auf dem Boden in einem riesigen Bett. Im Winter war es eisig kalt, dunkel und unheimlich. Aber ihr Vertrauen half mir einzuschlafen. Es war wie ein Versprechen. Eingehüllt in ein riesiges Federbett und bewacht von den Engeln, um die meine Großmutter gebetet hatte: Herr, nimm dein Kindlein in den Arm.

Später dachte ich viel darüber nach. Ich konnte nicht mehr so einfach in die Kissen sinken. Ich hätte sie gern gefragt: Stimmt das alles so? Kann man sich wirklich darauf verlassen? Wer ist dieser Jesus eigentlich? Will ich mit ihm reden? Muss ich vielleicht die ganze Nacht aufbleiben und darauf warten, ob er antwortet? Doch zu dieser Zeit konnte mir meine Großmutter keine Antworten mehr geben. Sie war verstorben, und ich musste mit meinem Fragen allein fertigwerden.

Und noch später vergaß ich es einfach. Das Gebet hatte jegliche Bedeutung für mich verloren. Meine Eltern drängten mich nicht. Meine Großeltern lebten nicht mehr. Abgesehen vom täglichen Mittagsgebet gab es keine regelmäßigen Gebete in der Familie. Wie meine Eltern für sich damit umgingen, das erzählten sie mir erst viel später.

Die Gebete meiner Großmutter waren mir inzwischen fast peinlich. Kann man so kindlich mit Gott sprechen? Sollte ich, wissenschaftlich gebildeter Mensch des 20. Jahrhunderts, auf einen Gott vertrauen, der offensichtlich seit Menschengedenken Leid und Tod zuließ? *Naiv* war das schlimmste Wort, das mir damals zu den Gebeten meiner Großmutter einfiel. Es war ein vernichtendes Urteil.

Und ich brauchte noch einmal viele Jahre, bis Gebete wieder meine Seele berührten.

Das Leben konfrontierte mich mit mir selbst. Es gab einschneidende Erlebnisse: Ich setzte mich ins Auto, fuhr los, hatte nach den ersten Metern einen Unfall. Es war Glück, dass nicht mehr passierte. War es Glück? Oder war da mehr? Bewegende Momente: wenn ich einem Menschen begegnete, der genau in diesem Moment genau das tun konnte, was ich so dringend brauchte. Ich erlebte, wie meinem Kind das Leben gerettet wurde. Begleitung?

Über Erfahrungen kann man nicht allgemein verbindlich sprechen. Dies gilt auch für die Erfahrungen mit dem Gebet. Heute interpretiere ich sie als einen Weg mit Gott. Und je

mehr ich mich auf diesen Weg einlasse, umso verrückter und unwahrscheinlicher werden die Wege und Begegnungen.
Und wenn Sie mich nun fragen: Geht bei Ihnen nun alles gut? Nein, das Leben geht nicht immer so, wie ich es mir wünsche. Und eine Antwort auf die Frage nach dem Leid unzähliger Menschen habe ich nicht. Es bleibt mir ein Rätsel. Dennoch traue ich dem Gebet wieder etwas zu. Offensichtlich ist diese Art des Gesprächs in der Lage, mich zu verändern, mich auf neue Wege zu weisen, mir die Augen zu öffnen, lehrt mich Geduld und sie öffnet meine Ohren zum Zuhören. Und ja, auch die leisen zärtlichen Wege der Liebe lehrt mich die Stille vor Gott.
Als Pfarrerin ist das wöchentliche Schreiben von Gebeten ein Alltagsjob, den man mal mit mehr, mal mit weniger Begeisterung absolviert. Seine Kraft zeigt sich erst im gemeinsamen Beten im Gottesdienst oder in der Andacht. Als Lyrikerin begegnet man dem Gebet mit stiller Ehrfurcht. Als Lektorin und Herausgeberin hat das Gebet einem Zweck zu dienen: Es muss sich in das Projekt einfügen. Es ist eine interessante Mischung, ein Zugang, der sich zu einem vielfarbigen Gemälde mischt. Ich bin gespannt, wie viele Farben, wie viele Motive es noch zu entdecken gilt, bis ich dies alles in die fremd-nahen Hände legen werde, aus denen alles entsprang.

Stichwortregister

A
Abend	45, 53, 72, 73, 75, 77
Alleinsein	32, 44, 50, 56, 62, 68
Alter	5, 6, 84, 96, 98
Anfang	38, 68, 76, 79, 91, 95, 77
Angst	13, 28, 33, 39, 41, 45, 52, 56, 57, 63, 74, 77, 85, 87, 110, 114
Arbeit	58, 60, 75, 83, 115
Auferstehung	44, 63, 80, 81, 100
Aufrichten	12, 15, 27, 32, 71, 74
Augen	12, 18, 20, 60, 62, 70, 88, 100, 117

B
Barmherzigkeit	18, 29, 37, 44, 93, 103
Begleitung	14, 19, 27, 28, 32, 34, 56, 57, 70, 74, 80, 101, 103, 114
Begegnung	13, 18, 34, 39, 63, 69
Buße	32, 58, 78, 95
Buß- und Fastenzeit	32, 58, 78, 79, 87, 90, 95

C
Christus	45, 59, 63, 69

D
Dank/Dankbarkeit	20, 35, 36, 39, 42, 44, 45, 51, 68, 69, 86, 117
Durst	15

E
Ehe	42, 110, 111, 116
Einheit (der Christen)	54
Engel	43, 56, 72, 88, 95, 100, 101, 102, 103
Einsamkeit	28, 50, 62, 68
Enttäuschung	28, 52, 74, 76
Ermutigung	12, 14, 26, 27, 29, 33, 34, 52, 56, 63, 71, 74
Erwartung	17, 72, 77, 79, 80

Essen	33, 51, 69, 83, 113
Ewiges Leben	19, 41, 55, 76, 89, 90, 93, 94, 100, 111
Ewigkeit	100

F
Familie	42, 70, 111
Fastenzeit	32, 58, 78, 79, 87, 90, 95
Freiheit	52, 55, 61, 81, 92, 93
Freude	35, 39, 41, 43, 51, 52, 61, 75, 76, 79, 83, 86, 87, 89, 93, 95, 110, 116
Freundschaft	18, 42, 99, 102, 111
Frieden	20, 31, 36, 53, 58, 59, 61, 83, 102

G
Geborgenheit	15, 30, 45, 69, 74, 75, 94, 101
Geduld	41, 63, 78, 89, 93, 113
Gemeinde	60, 82, 91
Gemeinschaft	34, 37, 43, 54, 58, 70, 91, 94, 111
Genesung	15, 51
Gelassenheit	38, 52, 58, 61,80, 89, 104
Gerechtigkeit	17, 19, 21, 42, 54, 86, 91, 92
Gewissen	18, 29
Glauben	17, 26, 27, 30, 31, 42, 43, 50, 53, 56, 59, 60, 62, 69, 74, 78, 82, 84, 104, 105, 111, 112, 117
Glück	83, 103, 110, 116
Gnade	18, 20, 21, 26, 38, 41, 42, 52, 54, 58, 61, 62, 68, 69, 88, 91, 92, 99
Gottes Wort / Wort Gottes	12, 55, 82, 94, 105
Gottvertrauen	13, 14, 26, 38, 40, 42, 63, 74, 85, 89, 105
Grenzen	13, 14, 27, 32, 60

H
Hände	20, 39, 44, 45, 55, 56, 57, 62, 69, 72, 74, 83, 89, 117
Heiliger Geist	41, 53, 82

Heilung	12, 19, 26, 31, 51, 84
Herz	12, 13, 15, 18, 20, 26, 29, 30, 32, 33, 34, 39, 44, 50, 54, 55, 58, 59, 62, 70, 71, 76, 83, 86, 87, 100, 101, 103, 105, 108, 109
Hilfe	19, 26, 30, 31, 32, 38, 41, 52, 61, 70, 74, 86
Hindernis	73, 90
Hingabe	18, 34, 37, 58, 59, 71, 78, 79, 82, 104, 112
Hören	12, 16, 18, 29, 81, 34, 38, 50, 63, 71, 81, 84, 94, 100, 111, 112
Hoffnung	13, 17, 26, 27, 30, 32, 35, 36, 41, 50, 61, 72, 77, 89, 90, 91, 107

J

Jahreskreis	76, 85
Jahreswechsel	77
Jesus	16, 18, 26, 30, 31, 45, 51, 52, 59, 62, 69, 73, 78, 113

K

Kinder (Gottes)	17, 57, 62, 84, 90, 91, 113
Kirche	60, 91
Kraft	12, 17, 30, 34, 40, 52, 54, 55, 70, 74, 78, 82, 105, 112, 117
Krankheit	26, 31, 51, 74
Krise	14, 15, 16, 27, 38, 62, 74

L

Leben	16, 19, 27, 29, 45, 59, 60, 61, 77, 86, 105, 106, 108, 109, 110, 111, 112, 113, 116
Leben nach Gottes Willen	16, 18, 29, 37, 40, 59, 60, 61, 70, 71, 85, 87, 91, 115
Lebenskraft	12, 13, 15, 51, 77, 112

Lebenskrisen	14, 15, 16, 27, 62, 74
Leid	25, 31, 33, 37, 43, 74, 89, 111, 114
Licht	19, 27, 50, 59, 73, 74, 84, 100,
Liebe	15, 25, 33, 35, 41, 44, 47, 49, 53, 57, 62, 69, 73, 76, 83, 84, 87, 89, 91, 93, 98, 100, 107, 108, 109, 110, 111, 113, 112, 114, 115, 116, 117
Lob und Preis Gottes	21, 35, 36, 39, 45, 52, 69, 76, 77, 79, 86, 94, 104, 117
M	
Mensch	12, 14, 16, 17, 20, 28, 29, 30, 33, 36, 42, 51, 58, 61, 62, 63, 70, 71, 72, 75, 89, 91, 99, 103, 104, 111, 113, 115, 116, 117
Miteinander leben	18, 20, 21, 30, 37, 58, 59, 63, 113, 117
Mitmenschen	16, 20, 34, 37, 59, 63, 113, 116
Morgen	39, 40, 45, 53, 67, 68, 69, 72, 75, 100, 109
Musik	50, 73, 79, 94, 101, 104, 114
Mut	13, 14, 19, 21, 29, 35, 50, 55, 56, 63, 69, 82, 87, 93, 95, 98, 111, 112, 114, 116
N	
Nachfolge	16, 37, 62, 81
Nacht	28, 34, 52, 68, 72, 73, 74
Nächstenliebe	18, 113
Nächster	16, 18, 20, 34, 37, 59, 63, 113, 116
Nähe	19, 26, 51, 78, 91, 102, 110,
Name	13, 16, 19, 21, 81, 84, 86, 101, 111
Natur	34, 77, 80
Neuanfang	15, 18, 27, 37, 43, 44, 68, 78, 95, 113
Neujahr	77
Not in der Welt	27, 30, 37, 42, 43, 52, 55, 76, 88

O
Ohren	12, 38, 81, 100
Orientierung	14, 16, 18, 19, 54, 102
Ostern	39, 44, 63, 80, 81, 100

P
Partnerschaft	42, 110, 111, 116
Rettung	15, 35, 38, 74, 101

S
Segen	21, 28, 33, 45, 55, 59, 67, 72, 75, 76, 87, 113
Sehnsucht	14, 15, 61, 79, 86, 92, 109, 110
Schöpfung	20, 34, 52, 59, 69, 94
Schuld	112
Schutz	27, 43, 74, 77, 84, 102, 109, 117
Schwäche	13, 15, 19, 29, 41, 51, 52, 56, 78, 99, 102
Schwere Zeiten	15, 27, 40, 52, 61, 74, 102
Seele	15, 25, 40, 58, 71, 83, 100, 102, 104, 109, 110, 116
Sehen	12, 17, 20, 27, 30, 33, 36, 41, 52, 55, 57, 60, 62, 69, 73, 77, 86, 88, 90, 99, 100, 116
Sorgen	27, 29, 38, 74, 75, 77
Stärkung	17, 19, 27, 33, 41, 45, 50, 52, 63, 74, 81, 102, 114
Staunen	34, 55, 80, 84, 88, 89, 117
Sterben	44, 94, 100, 112
Stille	25, 28, 31, 50, 54, 68, 70, 72, 76
Streit	40, 58, 61

T
Tageskreis	45, 72, 73, 75, 86
Tod	25, 41, 44, 81, 83, 94, 112
Trauer	41, 61, 74
Treue	18, 40, 42, 52, 57, 68, 69, 88
Trost	15, 19, 29, 40, 41, 61, 74, 79

U
Umkehr	16, 78, 94, 95
Unfriede	58, 61
Ungerechtigkeit	29, 43, 87
Unglück	83
Unterwegs	14, 52, 57, 93, 103
Vater	14, 21, 30, 32, 38, 43, 42, 52, 59, 58, 60, 62, 69, 72, 76, 84, 87, 93, 94, 97, 100, 111, 112, 113, 117

V
Vergebung	15, 29, 58
Versöhnung	28, 58, 69, 87
Verständnis	15, 27, 29, 38, 58, 63
Verzweiflung	27, 28, 29, 61, 74
Vertrauen	13, 14, 15, 17, 21, 25, 26, 28, 29, 30, 33, 35, 37, 39, 40, 41, 43, 44, 53, 54, 56 ,60, 62, 63, 71, 73, 77, 78, 80, 82, 84, 85, 90, 92, 105, 112

W
Wasser	15, 69
Weg	12, 16, 18, 19, 30, 32, 36,39, 51, 52, 53, 54, 55, 63, 66, 71, 73, 87, 89, 90, 92, 93, 95, 96, 98, 100, 102, 103, 108, 110
Weihnachten	39, 72, 76, 77, 79

Z
Zukunft	16, 17, 30, 42, 59, 60, 71, 89, 90
Zuspruch	12, 13, 26, 27, 35, 40, 62, 75, 100, 102
Zutrauen	14, 15, 20, 21, 27, 30, 38, 63
Zuversicht	13, 17, 29, 30, 38, 42, 44, 59, 63, 68, 74, 86

Bilder:
Cover: © stock.adobe.com/cheekylorns; S. 7: © stock.adobe.com/daniilantiq2010; S. 8/9: © stock.adobe.com/Luka; S. 19: © stock.adobe.com/Patrick Daxenbichler; S. 22/23: © stock.adobe.com/urdialex; S. 27: © mycteria/Shutterstock.com; S. 28/29: © Botond Horvath/Shutterstock.com; S. 32/33: © stock.adobe.com/Philip Steury; S. 36/37: © John Smith/Fotolia.de; S. 45: © Mykola Mazuryk/Fotolia.de; S. 46/47: © stock.adobe.com/Gaelfphoto; S. 51: © stock.adobe.com/rphfoto; S. 52/53: © stock.adobe.com/simona; S. 64/65: © Jenny Sturm/Fotolia.de; S. 70: © stock.adobe.com/Printemps; S. 72: © Daxiao Productions/Shutterstock.com; S. 78: © Lukas Gojda/Shutterstock.com; S. 80/81: © Smileus/Shutterstock.com; S. 83: © stock.adobe.com/Philip Steury; S. 95: © stock.adobe.com/Emelianov Evgenii; S. 96/97: © stock.adobe.com/zwiebackesser; S. 102/103: © MonoRidz/Shutterstock.com; S. 104/105: © stock.adobe.com/fottoo; S. 106/107: © stock.adobe.com/francesco chiesa; S. 112: © Akuma-Photo/Shutterstock.com; S. 114/115: © LedyX/Shutterstock.com

Bibliografische Information der Deutschen Nationalbibliothek
Die Deutsche Nationalbibliothek verzeichnet diese Publikation
in der Deutschen Nationalbibliografie;
detaillierte bibliografische Daten sind im Internet
über http://dnb.dnb.de abrufbar.

Alle Bibeltexte:
Einheitsübersetzung der Heiligen Schrift, vollständig durchgesehene und überarbeitete Ausgabe © 2016 Katholische Bibelanstalt GmbH, Stuttgart. Alle Rechte vorbehalten.

Besuchen Sie uns im Internet:
www.st-benno.de

Gern informieren wir Sie unverbindlich und aktuell
auch in unserem Newsletter zum Verlagsprogramm,
zu Neuerscheinungen und Aktionen. Einfach anmelden
unter www.st-benno.de

ISBN 978-3-7462-5665-8

© St. Benno Verlag GmbH, Leipzig
Umschlaggestaltung: Rungwerth Design, Düsseldorf
Gesamtherstellung: Kontext, Dresden (A)